Sascha Fiek

Danton und Robespierre als Kontrahenten in Büchners Revolutionsdrama „Dantons Tod"

GRIN Verlag

Bibliografische Information der Deutschen Nationalbibliothek:

Die Deutsche Bibliothek verzeichnet diese Publikation in der Deutschen National-
bibliografie; detaillierte bibliografische Daten sind im Internet über http://dnb.d-
nb.de/ abrufbar.

Impressum:

Copyright © 2002 GRIN Verlag GmbH
Druck und Bindung: Books on Demand GmbH, Norderstedt Germany
ISBN: 978-3-640-86258-0

Dieses Buch bei GRIN:

http://www.grin.com/de/e-book/106499/danton-und-robespierre-als-kontrahenten-
in-buechners-revolutionsdrama-dantons

GRIN - Your knowledge has value

Der GRIN Verlag publiziert seit 1998 wissenschaftliche Arbeiten von Studenten, Hochschullehrern und anderen Akademikern als eBook und gedrucktes Buch. Die Verlagswebsite www.grin.com ist die ideale Plattform zur Veröffentlichung von Hausarbeiten, Abschlussarbeiten, wissenschaftlichen Aufsätzen, Dissertationen und Fachbüchern.

Besuchen Sie uns im Internet:

http://www.grin.com/

http://www.facebook.com/grincom

http://www.twitter.com/grin_com

Deutsches Seminar II
Albert-Ludwigs-Universität Freiburg
Dr. Olaf Hildebrand:
Proseminar: Georg Büchner
Wintersemester 2001/2002

Danton und Robespierre als Kontrahenten
in Büchners Revolutionsdrama „Dantons Tod"

von

Sascha Fiek

Deutsch/Chemie 1./6. Semester
15. März 2002

Inhaltsverzeichnis

1. Einleitung

Als der junge Georg Büchner, im Alter von nur 22 Jahren, sein erstes Drama, Dantons Tod, vollendet hatte, lag der Sturm auf die Bastille in Paris noch kein halbes Jahrhundert zurück. Aber nicht nur die zeitliche Nähe, sondern auch sein persönliches Schicksal veranlassten Büchner dazu, den Stoff der französischen Revolution in seinem Erstlingswerk aufzugreifen. Dass er für die Niederschrift desselben, kurz vor seiner Flucht aus Darmstadt [1], nach eigenen Aussagen nur fünf Wochen benötigte [2], darf jedoch nicht darüber hinwegtäuschen, dass er sich bereits „im Frühjahr 1834, also unmittelbar vor dem ersten Entwurf des Hessischen Landboten", intensiv dem Studium der Geschichte der französischen Revolution gewidmet hatte [3]. Helmut Fuhrmann weist zu Recht darauf hin, dass Büchner sich auch schon zu seiner Gymnasialzeit in Darmstadt mit den dramatischen Ereignissen in Frankreich um 1789 beschäftigt hat [4]. So schreibt Büchner in einer Schulrede, die den „Heldentod der vierhundert Pforzheimer" zum Thema hat und die seine Begeisterung für die revolutionären Geschehnisse zum Ausdruck bringt:

> [...]ich brauche mein Augenmerk nur auf den Kampf zu richten, der noch vor wenigen Jahren die Welt erschütterte [...] Ich meine den Freiheits-Kampf der Franken; Tugenden entwickelten sich in ihm, wie sie Rom und Sparta kaum aufzuweisen haben und Taten geschahen, die nach Jahrhunderten noch Tausende zur Nachahmung begeistern können. [5]

Einen großen literarischen Erfolg konnte Büchner zu seinen Lebzeiten allerdings mit seinem Stück nicht verbuchen, da die Mehrheit der zeitgenössischen Leser durch die vom Autor verwendeten Technik der Quellenmontage abgeschreckt wurde. Dabei ist zu berücksichtigen, dass, nach neueren Untersuchungen, immerhin ein Fünftel des gesamten Textes quellenabhängig ist. [6] Büchner selbst rechtfertigt diese für die damalige Zeit so ungewöhnliche Montagetechnik in einem Brief an seine Familie:

> Der dramatische Dichter ist in meinen Augen nichts, als ein Geschichtschreiber, steht aber über Letzterem dadurch, daß er uns die Geschichte zum zweiten Mal erschafft und uns gleich unmittelbar, statt eine trockene Erzählung zu geben, in das Leben einer Zeit hinein versetzt, uns statt Charakteristiken Charaktere, und statt Beschreibungen Gestalten gibt. Seine höchste Aufgabe ist es, der Geschichte, wie sie sich wirklich begeben, so nahe als möglich zu kommen."[7]

Die Folge davon beschreibt jedoch der Redakteur Karl Gutzkow, in dessen ‚Phoenix' ein gekürzter Vorabdruck des ‚Danton' erschienen war, in einem Brief an Büchner: „Ihr Danton zog nicht [...] Darüber vergaß man, dass in der Tat doch mehr von Ihnen gekommen ist, als von der Geschichte u [sic] machte aus dem Ganzen ein dramatisiertes Kapitel des Thiers"[8], dessen 'Histoire de la Révolution française'[9] neben der Heftreihe „Unsere Zeit"[10] eine der wichtigsten historischen Quellen Büchners war. Gleichwohl wusste nach Aussagen von Jürgen Seidel ein Teil der Leserschaft die moderne Bauform des Dramas durchaus zu schätzen:

> In Kreisen der literarischen und philosophischen Avantgarde findet das Stück mitunter enthusiastische Aufnahme. Offensichtlich erkennt man hier, mit welcher zukunftsweisenden Tiefe der junge Autor Politik, Religion, soziales Leben, Kunsttheorie, Weltschmerz und Sensualismus - die gängigen Themen der Vormärz-Subkultur - verstanden und literarisch überzeugend in Szene gesetzt hat.[11]

Abgesehen von der Tatsache, dass die Auswirkungen und Konsequenzen der französischen Revolution in Bezug auf die soziale Gesellschaftsordnung in Frankreich und anderen europäischen Ländern ihre Bedeutung bis in die Gegenwart aufrecht erhalten haben, ist es gerade die Vermischung oben genannter Themen und Ansätze, die „Dantons Tod" für den heutigen Rezipienten so aktuell erscheinen läßt.

Keinesfalls handelt es sich bei dem Drama lediglich um ein „politisches Lehrstück", wie Martina Kitzbichler richtig erkennt,[12] vielmehr ist es darauf angelegt, die grundlegenden Fragen der „Menschennatur", wie Büchner sie in seinem berühmten „Fatalismus"-Brief anspricht [13], zu analysieren und zu diskutieren. Wolfgang Martens formulierte dazu passend: „Hinter den revolutionären Auseinandersetzungen steht in Dantons Tod hier wie dort ein bohrendes Fragen nach dem Sinn des Seins und nach der Weltordnung."[14]

Darin liegt wahrscheinlich auch der Grund, warum Büchner sich in seinem Drama auf einen so kurzen Zeitabschnitt der französischen Revolution bezieht, einen Abschnitt „von kaum zwei Wochen"[15], der sich von der Hinrichtung der Hébertisten bis zur Guillotinierung der Dantonisten erstreckt und dessen Kern von der Auseinandersetzung zwischen Robespierre und Danton gebildet wird. Da der historische Verlauf und der Ausgang der Ereignisse dem Publikum bereits bekannt waren und somit keine besondere dramatische Spannung erzeugt werden konnte [16], ist es in erster Linie der Konflikt der beiden Protagonisten, dem das Drama seine große Wirkung verdankt und der weniger auf den konträren politischen Positionen, als auf diametral entgegengesetzten Weltanschauungen beruht, die im folgenden näher erörtert werden sollen.

2. Aufgabenstellung

Ziel der hier vorliegenden Arbeit ist es, die beiden Kontrahenten, Robespierre und Danton, sowie deren Auseinandersetzung und die dafür verantwortlichen Ursachen näher zu beleuchten. Dabei sollen nicht nur ihre Unterschiede, sondern auch die durchaus vorhandenen Gemeinsamkeiten herausgearbeitet werden. Außerdem sollen nicht nur diese beiden Figuren im Vordergrund stehen, sondern auch deren Beziehungen zu ihrer Umgebung innerhalb des Dramas untersucht werden. Eine weitere Fragestellung wird sein, ob die beiden Protagonisten im Rahmen der Geschehnisse eine Entwicklung durchlaufen und wenn ja, wie diese aussieht.

3. Danton

3.1 Der erstarrte Revolutionär

Wer zu Beginn des Dramas in Danton einen leidenschaftlichen und einen von dem Wunsch nach Veränderung der politischen Verhältnisse geprägten Revolutionär erwartet, wird von Büchner enttäuscht. Danton, der ohne Zweifel die „Zentralfigur des Stückes" [17] ist, wird nämlich nicht als begnadeter Rhetoriker in einer Rede vor dem Konvent oder als visionärer Politiker eingeführt. Stattdessen befindet er sich in der Eingangsszene an einem Spieltisch mit seinem Freund Hérault-Séchelles, seiner Frau Julie und einigen weiteren Damen. Dort geben sie sich dem „sinnlosen Zeitvertreib des Kartenspiels"[18] hin und tauschen erotische Anzüglichkeiten statt revolutionärer Gedanken aus. Selbst als Camille Desmoulins und Philippeau von den aktuellen Ereignissen in Paris berichten und durch die Entfaltung ihres politischen Programms, von dem später noch die Rede sein wird, versuchen, Danton zum Handeln zu bewegen, bleibt dieser sichtlich ungerührt. Auf die Aufforderung Camilles: „Danton du wirst den Angriff im Konvent machen"[19], antwortet er nur : „Ich werde, du wirst, er wird. Wenn wir bis dahin noch leben, sagen die alten Weiber."[20] Mit dieser zynischen Antwort gibt Danton „beredten Ausdruck einerseits seiner Interesselosigkeit am aktuellen Geschehen wie auch andererseits - und das ganz besonders - seiner Gleichgültigkeit gegenüber eigenem zielstrebigem Handeln".[21] Noch deutlicher wird Dantons politisches Desinteresse, als er in dieser ersten Szene beschließt, zu gehen und zu Julie sagt: „Ich muss fort, sie reiben mich mit ihrer Politik noch auf."[22]

Auch als die Situation für die Dantonisten nach der Rede Robespierres vor dem Jakobinerklub in eine reale Bedrohung umschlägt, verharrt Danton in seiner Lethargie. Auf die nun eindringliche Warnung von Lacroix: „Wir müssen nun handeln", reagiert Danton ebenso lapidar wie zuvor: „Das wird sich finden".[23]

Ebenso niederschmetternd wirkt die Aussage Dantons über die Motivation seines politischen Engagements. Denn er leitet seine Motive nicht aus dem Bedürfnis ab, die bestehende soziale Gesellschaftsordnung zugunsten einer für das Volk besseren verändern zu wollen, sondern aus einer rein persönlichen. So bekommt Camille auf seine Frage, warum er den Kampf überhaupt begonnen hätte, nur von ihm zu hören: „Die Leute waren mir zuwider. Ich konnte dergleichen gespreizte Katonen nie ansehn, ohne ihnen einen Tritt zu geben. Mein Naturell ist einmal so."[24]

Es bleibt als festzuhalten, daß der Leser schon im ersten Akt des Dramas in Danton einen Menschen vorfindet, der „seine Identität als Politiker verloren"[25] hat und der keinerlei inneren Antrieb verspürt, den Kampf gegen seinen Kontrahenten Robespierre ernsthaft aufzunehmen. Dies unterstreicht auch seine Aussage gegenüber Lacroix: „Morgen geh´ ich zu Robespierre, ich werde ihn ärgern, da kann er nicht schweigen."[26] Das deutet darauf hin, dass Danton in keinster Weise versucht ist, einen Konsens herstellen zu wollen, sondern bewusst die Provokation sucht, deren Konsequenz - die Verurteilung durch das Revolutionstribunal und die anschließende Enthauptung - er durchaus kennt, zumal er selber sagt: „Ich weiß wohl, - die Revolution ist wie Saturn, sie frißt ihre eignen Kinder."[27]

3.2 Die Sinnkrise als Hintergrund

Man darf nun aber nicht dem Irrtum unterliegen, dass Dantons Lethargie nur auf einer Frustration in Blick auf die Revolution oder der Politik an sich beruht. Denn die Gründe dafür sind sehr viel tiefergehend und die Wurzeln seiner Sinnkrise sind philosophischer, psychologischer und religiöser Natur.

Wolfgang Martens war es, der sich im Jahre 1960 in seinem Aufsatz „Ideologie und Verzweiflung"[28] intensiv mit den religiösen Motiven beschäftigt hat, die zu der Trägheit Dantons geführt haben. Er identifiziert dabei vor allem den Atheismus, zu dem sich Danton bekennt[29], als eine der Hauptursachen für die Lethargie, wenn er sagt:

4

Ein lastendes Verlorenheitsgefühl, Angst, Schwindel, Schwermut, Langeweile, Ekel und Verzweiflung werden an der Gestalt Dantons allenthalben, und zwar von der ersten Szene an, sichtbar als Symptome eines radikalen Zweifels an Gott und einer göttlichen Weltordnung, - eines Zweifels, der sich nicht in philosophischer Gelassenheit vollzieht, sondern an die Wurzeln der eigenen Existenz greift.[30]

In diesem radikalen Zweifel erkennt Hans Mayer[31], der Büchners Werk mit der Geschichte vergleicht, auch den entscheidenden Unterschied zwischen dem historischen Danton und Büchners literarischer Figur. Denn während der Untergang des fiktiven Dantons auf ein geradezu existentialistisches Problem zurückzuführen ist, erklärt Mayer das Scheitern der realen Person mit seiner verfehlten Politik: „Woran scheitert der geschichtliche Danton? An seinem politisch-taktischen Programm, nicht aber an der Erkenntnis der Sinnlosigkeit aller Revolutionsprogramme."[32] Deshalb ist die Schlussfolgerung von Martens, dass die Trägheit Dantons „unmittelbar aus der Erfahrung der Sinnlosigkeit allen Seins"[33] resultiere, nur auf Büchners Danton anzuwenden und deutet damit auch gleichzeitig auf eine Beziehung zwischen dem Dichter und seiner Figur fernab der Historie hin.

Der Übergang zwischen der philosophischen und der religiösen Ebene findet sich in einer Äußerung Dantons, die die Beschränktheit des menschlichen Wesens anklagt und gleichzeitig die Schöpfung dafür verantwortlich macht: „Es wurde ein Fehler gemacht, wie wir geschaffen worden, es fehlt uns was, ich habe keinen Namen dafür [...] Geht, wir sind elende Alchymisten*."[34]

Gerade diese Unzufriedenheit mit der Natur des Menschen ist es, die den oben erwähnten Zusammenhang zwischen Büchner und seinem Danton sichtbar werden lässt. Denn Büchner schreibt in dem häufig zitierten Fatalismus-Brief an seine Braut:

> Ich finde in der Menschennatur eine entsetzliche Gleichheit, in den menschlichen Verhältnissen eine unabwendbare Gewalt, Allen und Keinem verliehen. Der Einzelne nur Schaum auf der Welle, die Größe ein bloßer Zufall, die Herrschaft des Genies ein Puppenspiel, ein lächerliches Ringen gegen ein ehernes Gesetz, es zu erkennen das Höchste, es zu beherrschen unmöglich.[35]

---

* Bezeichnenderweise verwendet der Naturwissenschaftler Büchner hier das Bild der Alchimisten , die auf ihrer Suche nach dem „Stein der Weisen" ohne wissenschaftliches Fundament und ohne Theorie agierten. Ihre Experimente spielten sich sozusagen im luftleeren Raum ab. Dies dürfte die Ursache für den Vergleich zwischen der menschlichen Existenz und der Alchimie sein. Dabei muss man jedoch berücksichtigen, dass es den Alchimisten gar nicht darauf ankam, die Hintergründe chemischer und physikalischer Prozesse zu erforschen oder zu verstehen.

Darüber hinaus konstatiert Danton einen unabwendbaren Determinismus, der die Geschicke der Menschheit bestimmt und der damit die Vorstellung von der Willensfreiheit des Menschen als reine Illusion erscheinen lässt.

In der Darstellung dieser Problematik geht Büchner sogar so weit, dass er seinem Danton nahezu unverändert folgende Worte aus seinem Fatalismus-Brief in den Mund legt:

> Es muß, das war dies Muß. Wer will der Hand fluchen, auf die der Fluch des Muß gefallen? Wer hat das Muß gesprochen, wer? Was ist das, was in uns hurt, lügt, stiehlt und mordet? Puppen sind wir von unbekannten Gewalten am Draht gezogen; nichts, nichts wir selbst! Die Schwerter, mit denen Geister kämpfen, man sieht nur die Hände nicht, wie im Märchen.[36]

3.3 Die Konsequenz

Die im letzten Abschnitt genannten Punkte bringen die schwere Sinn- und Identitätskrise Datons zum Ausdruck, deren Konsequenz für ihn verheerend ist. Denn Danton hat durch diese Krise nicht nur jegliche innere Motivation zur Durchsetzung und Fortführung seiner Politik verloren, sondern vor allem auch seinen Lebenswillen. Sein sehnlichster Wunsch ist jetzt der nach Ruhe, einer Ruhe, die er nur im Tod glaubt erreichen zu können. So finden sich vor allem im zweiten Akt zahlreiche Belege für Dantons Gleichgültigkeit gegenüber dem Leben und seiner Todessehnsucht, von denen nur einige wenige hier angeführt werden sollen. Gleich zu Beginn in II,1 sagt Danton zu seinen Freunden: „Endlich - ich müßte schreien, das ist mir der Mühe zuviel, das Leben ist nicht der Arbeit wert, die man sich macht, es zu erhalten."[37] Wenig später äußert er gegenüber Camille: „Sie wollen meinen Kopf, meinetwegen. Ich bin der Hudeleien überdrüssig. Mögen sie ihn nehmen. Was liegt daran? [...] Ich bin nicht träg, aber müde. Meine Sohlen brennen mich"[38] Und schließlich erklärt Danton in seinem Monolog auf dem freien Feld: „Ich mag nicht weiter.[...] mir gibt das Grab mehr Sicherheit, es schafft mir wenigstens Vergessen!"[39]

Mit diesem Vergessen spielt Danton auf seine Gewissensbisse an, die er in der nachfolgenden Szene erklärt und die die Septembermorde des Jahres 1792 zur Grundlage haben. Damals hatte Marat mit der Zustimmung Dantons in den ersten Tagen des September zwischen 1100 und 1400 politische Gefangene, deren Mehrheit aus Royalisten und Geistlichen bestand, ermorden lassen und zwar aus der Angst heraus, dass diese der Revolution eines Tagens noch gefährlich werden könnten.[40] Büchner zeichnet an dieser Stelle ein sympathisches Bild von Danton, da dieser in der Lage ist, über das begangene Unrecht zu reflektieren und es als solches zu erkennen. Damit hebt er sich entschieden von Robespierre ab, der, wie noch zu zeigen sein wird, diese Fähigkeit nicht besitzt.

Das Eingeständnis der Schuld und die Verknüpfung mit dem „grässlichen Fatalismus der Geschichte"[41] treiben Danton insoweit in einen Verrat an der Revolution, als dass er nicht mehr bereit ist, diese unter Inkaufnahme weiterer Opfer voranzubringen. Danton hat verstanden, dass das undifferenzierte Morden ein Ende haben muss, da es nicht dazu geeignet ist, die Probleme der Gesellschaft zu lösen. Gleichzeitig weiss er auch, dass er mitverantwortlich für die Entstehung der „terreur" ist, indem er das Revolutionstribunal ins Leben gerufen hat. Diese Einsichten jedoch veranlassen Danton keineswegs zu aktivem Handeln. Stattdessen gibt er sich den profanen Genüssen hin und amüsiert sich im palais royal. Auf die Frage von Legendre, wo sich denn Danton befinde, weiß Lacroix keine andere Antwort als: "Was weiß ich? Er sucht eben die mediceische Venus stückweise bei allen Grisetten des palais royal zusammen, er macht Mosaik, wie er sagt."[42] Dieses Verhalten Dantons scheint aber mehr als kurzfristige Betäubung seines aus den Gewissensbissen resultierenden Schmerzes zu dienen als ein Indiz für eine grundlegend fundierte Genussphilosophie zu sein.

Dennoch ist er sich der Tatsache bewusst, dass sein am Luxus orientierter Lebensstil jegliche Glaubwürdigkeit mit Blick auf die soziale Revolution vernichtet und dass er dadurch den Bezug zum Volk verloren hat. Das zeigt ein Ausschnitt aus I,1:

DANTON: [...] Wer soll denn all die schönen Dinge ins Werk setzen?
PHILIPPEAU: Wir und die ehrlichen Leute.
DANTON: Das und dazwischen ist ein langes Wort, es hält uns ein wenig weit
  auseinander, die Strecke ist lang, die Ehrlichkeit verliert den Atem
  eh wir zusammen kommen. [43]

4. Der Blutmessias und seine Jünger

Wenn man sich der Figur des Robespierre zuwendet, fällt zunächst auf, dass er in dem ganzen Stück nur viermal auf der Bühne steht und das nur in den ersten beiden Akten des Dramas. Obgleich er damit im Gegensatz zu Danton nur sehr wenig Präsenz zeigt, ist seine Rolle dennoch von zentraler Bedeutung, da er zumindest auf subtile Art und Weise allgegenwärtig ist. Denn Robespierre ist in jeglicher Hinsicht als Gegenspieler von Danton konzipiert. Unabhängig von der im letzten Abschnitt angesprochenen Frage, ob Dantons ausschweifender Lebensstil auf eine hedonistisch geprägte Genussphilosophie zurückzuführen oder nur Ausdruck seiner Sinnkrise ist, setzt Robespierre seine Lebensweise, die dem Prinzip der Askese unterworfen ist, dagegen.

Martina Kitzbichler, deren Aufsatz über die „Entfaltung der Dialektik von Herrschaft und Triebunterdrückung"[44] sehr stark auf der Freudschen Trieblehre basiert, erkennt in diesen völlig konträren Lebensauffassungen die Tatsache, dass „das Sittlich-Gute gegen das Laster mit Hilfe des Schrecken" und „das vernunftgemäße Leben gegen die egoistischen Ansprüche der Natur"[45] gestellt werden. Gleichzeitig ist sie völlig zu Recht der Ansicht, dass Robespierre „in diesem Kräftespiel eine kollektive Über-Ich-Instanz"[46] vertritt oder zumindest zu vertreten gewillt ist. Diese Über-Ich-Instanz erfährt der Leser schon bei Robespierres erstem Auftreten in der Volksszene I,2, in der er den aufgebrachten Mob mit den Worten „Im Namen des Gesetzes"[47] unter Kontrolle zu bringen versucht und sich damit auf eine alles unterordnende Autorität beruft. Selbst wenn Robespierre in der Auseinandersetzung mit Danton die Ich-Form verwendet, bleibt dennoch das Gefühl, dass er nie sein Ego meint, sondern einen Absolutheitsanspruch einnimmt, der über seine Person hinausgeht und ihn zu einem lebendigen Vertreter toter Ideologie ohne wirklichen Ich-Bezug werden lässt.

Robespierres Feindbild, mit dem er seine Schreckensherrschaft zu rechtfertigen versucht, ist klar definiert und eindeutig. Als Vertreter der „Tugendlehre Rousseaus"[48] identifiziert er in einer Rede vor dem Jakobinerklub das Laster, in welchem Martina Kitzbichler den Oberbegriff für Genusssucht, Luxus, Prostitution und freie Triebausle-bung[49] sieht, als den zu vernichtenden Gegner, der durch die Dantonisten personifiziert wird:

> [...]Das Laster ist das Kainszeichen des Aristokratismus. In einer Republik ist es nicht nur ein moralisches sondern auch ein politisches Verbrechen; der Laster-hafte ist der politische Feind der Freiheit, er ist ihr um so gefährlicher je größer die Dienste sind, die er ihr scheinbar erwiesen.[...] Ihr werdet mich leicht verste-hen, wenn ihr an Leute denkt, welche sonst in Dachstuben lebten und jetzt in Karossen fahren und mit ehemaligen Marquisinnen und Baronessen Unzucht treiben[...][50]

Robespierre lässt in seinem Revolutionswahn weiterhin keinen Zweifel daran aufkom-men, dass er bereit ist, seine moralphilosophischen Vorstellungen mit aller Gewalt, die in seinen Augen notwendig ist, durchzusetzen und stellt auch damit einen Gegensatz zu Danton dar:

[...] Die Waffe der Republik ist der Schrecken, die Kraft der Republik ist die Tugend. Die Tugend, weil ohne sie der Schrecken verderblich, der Schrecken, weil ohne ihn die Tugend ohnmächtig ist. Der Schrecken ist ein Ausfluß der Tugend, er ist nichts als die schnelle, strenge und unbeugsame Gerechtigkeit[...][51]

Schließlich ergänzt er seine Rede noch mit der Bemerkung: „Die Revolutionsregierung ist der Despotismus der Freiheit gegen die Tyrannei"[52]. Dass er mit einer solch paradoxen Aussage den Begriff der Freiheit nicht nur konterkariert, sondern regelrecht ad absurdum führt, scheint Robespierre in seiner Verblendung nicht zu begreifen.

Samuel Moser hat in seinem Aufsatz, in dem er die Politik und die Philosophie von Robespierre mit der von Immanuel Kant vergleicht, zu der Position Robespierres die folgende Aussage getroffen:

> Seine Konzeption von Tugend und Freiheit läßt sich wie bei Kant an der Sprache ablesen: es ist die eines Soldaten, der nie etwas anderes gekannt hat als den Krieg, der sich nichts anderes vorstellen kann als den Krieg, der deshalb auch nie etwas anderes kennen wird als den Krieg.[53]

Die Grundlage für Mosers Arbeit stellt ein Zitat von Heinrich Heine dar, das den Zusammenhang zwischen Robespierre und Kant zum Inhalt hat:

> Wenn aber Immanuel Kant, dieser große Zerstörer im Reiche der Gedanken, an Terrorismus den Maximilian Robespierre weit übertraf, so hat er doch mit diesem manche Ähnlichkeiten, die zu einer Vergleichung beider Männer auffordern. Zunächst finden wir in beiden dieselbe unerbittliche, schneidende, poesielose, nüchterne Ehrlichkeit. Dann finden wir in beiden dasselbe Talent des Mißtrauens, nur daß es der eine gegen Gedanken ausübt und Kritik nennt, während der andere es gegen Menschen anwendet und republikanische Tugend betitelt. Im höchsten Grade jedoch zeigt sich in beiden der Typus des Spießbürgertums [...][54]

Nach einer Darstellung der philosophischen Positionen von Kant und der politischen von Robespierre kommt Moser zu dem durchaus plausiblen Schluss:

> Robespierre ist nicht der Einzelfall eines außerhalb jeder Legalität stehenden Machtusurpators, sondern der Normalfall des Beamtentypus. Er ist so wenig Befürworter der Guillotine wie Kant: er tut vielmehr nur, was er tun muß. In Büchners Robespierre ist die kantische Philosophie Fleisch und vor allem Blut geworden.[55]

Es ist das Pflichtbewusstsein, dem sich Robespierre vollständig unterwirft und das ihn zu einem bedingungslosen Gehilfen seiner Ideologie macht. Er sieht nur die Notwendigkeit seines Handelns, ist aber nicht bereit, die Konsequenzen dessen zu bedenken.

Vor der Tatsache, dass seine auf der Tugendphilosophie basierende „terreur" nicht nur ein Blutbad in der Bevölkerung anrichtet, sondern auch sein eigenes Verhängnis bedeutet, verschließt er die Augen. So hat der historische Robespierre nie einer Guillotinierung der von ihm verurteilten „Feinde der Revolution" beigewohnt und sogar immer die Fensterläden verschlossen, wenn der Henkerskarren an seiner Wohnung im Hause des Tischlers Duplay vorbeizog.[56]

Lediglich Danton gelingt es, bei ihrem einzigen Aufeinandertreffen innerhalb des Dramas, Robespierre zur Selbstreflexion zu zwingen. Doch Robespierre ist, wie im folgenden Abschnitt noch zu zeigen sein wird, im Gegensatz zu Danton nicht zu einem Eingeständnis der Schuldhaftigkeit seines Handelns bereit. Vielmehr reagiert er in einem Monolog am Ende der Szene I,6 mit der noch zu analysierenden Aussage: „Ja wohl, Blutmessias, der opfert und nicht geopfert wird."[57]

Ebenso muss man aber berücksichtigen, dass Robespierre auch in einem hohen Maße von seinen Anhängern abhängig, in gewisser Weise sogar deren Marionette ist. Denn nur durch sie wird eine Umsetzung der inneren Grausamkeit Robespierres in die Praxis gewährleistet. So präsentiert sich St. Just als regelrechter Motor der Verfolgung der Dantonisten, wenn er in I,6 zu Robespierre sagt: „Wir werden den Vorteil des Angriffs verlieren. Willst Du noch länger zaudern? Wir werden ohne dich handeln. Wir sind entschlossen."[74] Und auf die Feststellung Robespierres, dass er die Dantonisten eigentlich nur mit seiner Rede vor dem Jakobinerklub hat erschrecken wollen, bietet sich St. Just gleich als ein williger und begieriger Vollstrecker an, wenn er äußert: „Ich brauche nur durchzuführen, die Fälscher geben das Ei und die Fremden den Apfel ab. Sie sterben an der Mahlzeit, ich gebe dir mein Wort."[75] Dabei soll auch erwähnt sein, dass St. Just eine weitere sehr wichtige Rolle besetzt und sich im weiteren Verlauf des Dramas als ein skrupelloser, kaltblütiger und zynischer Revolutionär entpuppt, dessen Analyse allerdings den hier vorgegebenen Rahmen übersteigen würde. Außerdem sind es Herrmann und Fouqier-Tinville, die sich über die rechtsstaatlichen Prinzipien und damit auch über die Prinzipientreue Robespierres hinwegsetzen, wenn sie die Auswahl der Geschworenen unzulässig beeinflussen und so die Verurteilung der Dantonisten maßgeblich befördern.[76] Schließlich sind es auch die weiteren Mitglieder des Wohlfahrtsausschusses, Barrère, Billaud und Collot, die gegen Robespierre konspirieren[77] und im weiteren Verlauf der Revolution für dessen Entmachtung und anschließende

Enthauptung verantwortlich sind. Dies alles sind deutliche Belege für die Abhängigkeit Robespierres von seiner Umgebung.

5. Die Konfrontation

Das Aufeinandertreffen von Robespierre und Danton in der sechsten Szene des ersten Aktes ist zweifelsohne der Höhepunkt des Dramas, selbst wenn von vorne herein klar ist, dass es zwischen den beiden keine Versöhnung geben kann, wie es auch der geschichtliche Hintergrund fordert. Zu groß ist nicht nur der Unterschied zwischen den beiden Persönlichkeiten, auch deren politische Ansichten liegen zu weit auseinander und sind völlig inkompatibel. Während Danton als Folge seiner Resignation vor dem Leben und der Revolution dem Morden ein Ende bereiten will, möchte Robespierre seine Vorstellungen der sozialen Revolution ungehindert durch den unverminderten Einsatz der Guillotine durchsetzen. So kommt Moser zu dem korrekten Ergebnis: „Zwischen Danton und Robespierre kann es [...] kein Gespräch geben, sondern nur Negation, absolute Negation."[58] Er führt das zu Recht auf das Prinzip von Robespierre zurück, das „in seiner Reinheit und Absolutheit ex definitione keine Kritik"[59] zulässt.

Statt den Konsens mit Robespierre zu suchen, der ihm selbst das Leben retten könnte, behandelt Danton diesen mit „Verachtung"[60], wie Georg Lukács feststellt. Danton führt das Gespräch keineswegs auf der politischen Ebene, sondern stellt seine eigene naturphilosophische Einstellung gegen die Tugendphilosophie von Robespierre, indem er sagt: „Es gibt nur Epicuräer und zwar grobe und feine, Christus war der feinste.[...] Jeder handelt seiner Natur gemäß d.h. er tut, was ihm wohl tut."[61] Gleichzeitig macht er sich über die Tugend und die „empörende Rechtschaffenheit" Robespierres lustig, was dieser als Provokation auffassen muss: "Ich würde mich schämen 30 Jahre lang mit der nämlichen Moralphysiognomie zwischen Himmel und Erde herumzulaufen bloß um des elenden Vergnügens willen Andre schlechter zu finden, als mich."[62] Von dieser Provokation steigert sich Danton dann sogar in einen offenen Angriff, der spätestens zu diesem Zeitpunkt seinen Untergang, obgleich dieser nie in Frage stand, endgültig besiegeln dürfte:

> Hast du das Recht aus der Guillotine einen Waschzuber für die unreine Wäsche anderer Leute und aus ihren abgeschlagn[en] Köpfen Fleckkugeln für ihre schmutzigen Kleider zu machen, weil du immer einen sauber gebürsteten Rock trägst?[...] Wenn sie sich nicht genieren so herum zu gehen, hast du deswegen das Recht sie in's Grabloch zu sperren? Bist du der Polizeisoldat des Himmels?

Und kannst du es nicht eben so gut mit ansehn, als dein lieber Herrgott, so halte dir dein Schnupftuch vor die Augen."[63]

Lukács behauptet, dass Danton mit dieser Argumentation in der Diskussion zwar „einen leichten Sieg über die Rousseauschen Moralprinzipien Robespierres" erficht, aber dass er „mit keinem Wort die politische Anschauung Robespierres" widerlegt, da er selber „kein einziges Argument gegen den politischen Vorwurf" hätte.[64] Diese Aussage ist allerdings nach Meinung von Samuel Moser insoweit fragwürdig, als dass es gerade die Dantonisten sind, die, wenn auch nicht in der Person Dantons selbst, als einzige ein wirkliches politisches Programm in dem Drama entwerfen, von dem später noch die Rede sein wird.[65]

Trotzdem hat Lukács nicht ganz Unrecht, wenn er auf das Ausweichen Dantons vor einer politischen Auseinandersetzung anspielt. Dies geschieht allerdings nicht, weil ihm die Argumente dafür fehlen würden, sondern weil Danton ganz bewusst versucht, Robespierre auf der persönlichen und gerade nicht auf der politischen Ebene anzusprechen. Er will, um es mit den Worten von Friedhilde Schneider zu sagen, „zum wahren Selbst Robespierres vordringen"[66] , und versucht das mit der Frage: „Ist denn nichts in dir, was dir nicht manchmal ganz leise, heimlich sagte, du lügst, du lügst!"[67] Doch Danton merkt nicht, dass dieser Versuch zum Scheitern verurteilt ist, weil er sich selbst immer wieder auf sein Ego beruft. Er glaubt auch im weiteren Verlauf des Dramas, dass er gar nicht die Politik oder die Philosophie zu Rate ziehen muss, sondern dass seine Person an sich als Argument ausreicht, um ihn zu verteidigen. Diese, wenn auch vielleicht nicht arrogante, aber dafür zumindest ignorante Haltung, veranlasst ihn mehrfach zu der Bemerkung : „[...]sie werden's nicht wagen"[68,69]

Robespierre hingegen zeigt sich nahezu immun gegen den Angriff auf seine Persönlichkeit, weil er „sich mit der Ideologie, die er mit absolutem Anspruch vertritt, derart identifiziert, dass selbst sein Gewissen eine Funktion dieser Ideologie ist."[70] Dennoch kann man es als einen Erfolg von Danton ansehen, dass es ihm in der Konfrontation zumindest kurzfristig gelingt, die von Starrsinn gehärtete äußere Schale Robespierres zu durchbrechen und an sein Gewissen zu appellieren. Für einen kurzen Augenblick nämlich bekommt der Rezipient des Dramas das Gefühl, dass der Angriff von Danton Robespierres Weltanschauung nicht nur ins Wanken, sondern zum Umfallen gebracht hat, wenn dieser in dem auf das Gespräch folgenden Monolog sagt:

Keine Tugend! Die Tugend ein Absatz meiner Schuhe![...] Wie das immer wieder kommt. Warum kann ich den Gedanken nicht los werden? Er deutet mit blutigem Finger immer da, da hin! Ich mag so viel Lappen darum wickeln als ich will, das Blut schlägt immer durch. - (*nach einer Pause*) Ich weiß nicht, was in mir das andere belügt."[71]

Doch nach einer kurzen Unterredung mit St. Just zieht sich Robespierre in einem weiteren Monolog in eine für Danton und seine Anhänger uneinnehmbare gedankliche Bastion zurück, die seine Ideologie über alles andere stellt, jegliche Möglichkeit der Selbstreflexion unterbindet und die auf eine gewisse Art und Weise den letzten Rest seiner menschlichen Persönlichkeit vernichtet. Denn Robespierre vergleicht sich nicht nur mit Jesus, sondern stellt sich über ihn, indem er dessen Opferrolle als falsch widerlegt und sich selbst mitsamt seiner Tugend und seines Pflichtgefühls an dessen Stelle setzt:

Ja wohl, Blutmessias, der opfert und nicht geopfert wird. - Er hat sie mit seinem Blut erlöst und ich erlöse sie mit ihrem eignen. Er hat sie sündigen gemacht und ich nehme die Sünde auf mich. Er hatte die Wollust des Schmerzes und ich habe die Qual des Henkers. Wer hat sich mehr verleugnet, Ich oder er?[72]

Die Folge dieses Gedankens erkennt Robespierre sehr wohl. Ab diesem Zeitpunkt ist für ihn „Alles wüst und leer" und er ist allein.[73] Er hat mit seinem Beharren auf der Tugend nicht nur seine Freunde, sondern auch sich selbst als Mensch verloren, weshalb er sich auch der Worte „wüst" und „leer" bedient, die sich in der Bibel in den ersten Zeilen des Buches Genesis wiederfinden, als die Schöpfung noch am Anfang stand und es den Menschen noch nicht gab. Alles was ihm noch bleibt ist die Ausführung seines Pflichtgefühls, das sich in der „Qual des Henkers" ausdrückt und die in seinem Kampf gegen die „Wollust des Schmerzes" begründet ist, die gleichzeitig auch den Angriff auf das Lustprinzip von Danton repräsentiert. So endet die Konfrontation zwischen den beiden Protagonisten am Ende des ersten Aktes in deren unausweichlichem Schicksal, das durch den „gräßlichen Fatalismus der Geschichte"[78] hervorgerufen wird.

6. Die Verbindung

Trotz all der Unterschiede zwischen den beiden Protagonisten, die auf extremen Gegensätzen und völlig unterschiedlichen Weltanschauungen beruhen, sind gerade sie es, die gleichzeitig auch diverse Verbindungen von Robespierre und Danton aufzeigen.

6.1 Die Einsamkeit

An erster Stelle ist dabei die Einsamkeit zu nennen, die beiden gemein ist. Noch bevor Danton das ganze Ausmaß seiner Resignation und seinen Hang zur Ruhe preisgibt, die er mit dem Grab gleichsetzt, präsentiert er seine innere Einsamkeit im Dialog mit Julie. Auf die Frage von seiner Braut, ob er denn an sie glaube, hat er nur eine ernüchternde und desillusionierende Antwort parat: „Was weiß ich? Wir wissen wenig voneinander. Wir sind Dickhäuter, wir strecken die Hände nacheinander aus aber es ist vergebliche Mühe, wir reiben nur das grobe Leder aneinander ab[...]"[79] Bereits hier erkennt man die tief verwurzelte Kritik an der Unzulänglichkeit des menschlichen Daseins, die Danton ergänzt durch: „Geh, wir haben grobe Sinne. Einander kennen? Wir müßten uns die Schädeldecken aufbrechen und die Gedanken einander aus den Hirnfasern zerren."[79] Aus dieser Ablehnung der Möglichkeit einer tiefgreifenden gedanklichen und emotionalen Übereinstimmung zwischen den Menschen folgt für Danton die bittere Erkenntnis: „Wir sind sehr einsam."[79]

Dieses Gefühl der Einsamkeit ist es, das Robespierre und Danton, obgleich zwei entgegenstehende Erfahrungshorizonte zugrunde liegen, miteinander verbindet. Denn auch für Robespierre gilt, wie bereits gezeigt worden ist, dass die Entfremdung von seiner eigenen Persönlichkeit auch für ihn die Einsamkeit zur Folge hat, wenn er sagt: „Ich bin allein."[73]

Allerdings darf man nicht vergessen, dass in Danton gleichzeitig eine tiefe Sehnsucht steckt, die Einsamkeit zu überwinden. Dies zeigt sich im Gespräch mit der Grisette Marion, an dessen Ende er zu ihr sagt: „Ich möchte ein Teil des Äther sein, um dich in meiner Flut zu baden, um mich auf jeder Welle deines schönen Leibes zu brechen."[80] Auch wenn er damit in diesem Moment vielleicht nur auf eine physisch-sexuelle Ebene anspielt, kommt in dem verwendeten Bild des Äther jedoch der Wunsch nach einer Symbiose zum Ausdruck, die die Einsamkeit zu besiegen in der Lage ist. Und am Ende, als die Hinrichtung unausweichlich scheint und Danton sich im inneren Todeskampf befindet, offeriert er auch den Wunsch nach einer geistig-emotionalen Symbiose, als er im Gespräch mit Camille äußert: „O Julie! Wenn ich allein ginge! Wenn sie mich einsam ließe! Und wenn ich ganz zerfiele, mich ganz auflöste - ich wäre eine Handvoll gemarterten Staubes, jedes meiner Atome könnte nur Ruhe finden bei ihr."[81] Dieser Wunsch mündet schließlich in der letzten Nacht Dantons in seiner Erkenntnis: „Ich werde nicht allein gehen, ich danke dir Julie."[82]

Büchner bleibt dem Leser allerdings die Antwort auf die Frage, ob Robespierre eine ähnliche Entwicklung durchläuft, schuldig, da das Drama mit der Hinrichtung Dantons abbricht und nicht die weiteren Verhältnisse bis zur Guillotinierung Robespierres darstellt.

6.2 Die Äquidistanz zum Volk

Verlässt man die sensualistische Ebene aus dem letzten Abschnitt und wendet sich der Beziehung der beiden Revolutionäre zu ihrem Volk zu, dann findet man auch hier eine wichtige Gemeinsamkeit. Denn in ihren festgefügten Weltanschauungen sehen sie beide nicht das Elend des Volkes und vernachlässigen dessen Bedürfnisse. Doch gerade die Leidensebene des Volkes darzustellen, ist für Büchner, den Lukács zu Recht als Schlussfolgerung aus einigen Briefen und dem „Hessischen Landboten" einen „plebejischen Revolutionär"[83] nennt, ein wichtiges Anliegen. So ist es auch nicht weiter verwunderlich, dass Büchners Vorstellung der beiden Revolutionäre im Rahmen einer kontrastiven Szenenführung erfolgt, bei der sich der Präsentation Dantons im Spielsalon direkt die Szene des Volkes auf der Gasse anschließt, in der dann auch Robespierre auftritt. Es bleibt aber festzuhalten, dass in der so gewählten Form das Volk zwischen den beiden steht. Die Tatsache, dass Robespierre sich in dieser Szene direkt an das Volk wendet, ist nicht gleichbedeutend mit einer engeren Beziehung zum Volk. Vielmehr bringt er seine Distanz zu den leidenden Massen in folgender, an die Bürger gerichtete, Ansprache zum Ausdruck:

> Armes tugendhaftes Volk! Du tust Deine Pflicht, du opferst deine Feinde. Volk du bist groß.[...] Du kannst nur durch deine eigne Kraft fallen. Das wissen deine Feinde. Deine Gesetzgeber wachen, sie werden deine Hände führen, ihre Augen sind untrügbar, deine Hände sind unentrinnbar.[84]

Während Robespierre im ersten Augenblick noch den Eindruck erweckt, dass er dem Volk eine große Bedeutung beimisst, zeigt er dennoch gleich danach sein wahres Ich. Er glaubt, seine Tugendphilosophie über das Volk stellen zu müssen, und leitet daraus den Anspruch ab, das Volk lenken und dessen „Hände führen" zu dürfen. Dieser Absolutheitsanspruch, der sich in der Schreckensherrschaft äußert und der die Unterdrückung der Massen als logische Konsequenz nach sich zieht, ist nur wenig kompatibel mit den Bedürfnissen des Volkes, das nach Nahrung und nicht nach Leichen geschweige denn nach Tugend im Robespierreschen Sinne schreit.

Auf der anderen Seite ist es ebenso Danton, der aus einer ganz anderen Denkrichtung heraus das Volk vernachlässigt, ignoriert und sich von ihm distanziert, was er auch bereitwillig zugesteht. Als ein Beleg dafür steht die schon unter Kapitel 3.3 behandelte Aussage von ihm zu dem von Lacroix geäußerten „Wir und die ehrlichen Leute."[43] Noch deutlicher wird die Abgrenzung in dem Dialog von Danton und Lacroix in I,5, als sie selbst ihren luxuriösen Lebensstil als „lasterhaft" identifizieren und damit den Abstand zum Volk begründen:

> LACROIX: Und außerdem Danton, sind wir lasterhaft, wie Robespierre sagt d.h. wir genießen, und das Volk ist tugendhaft d.h. es genießt nicht, weil ihm die Arbeit die Genußorgane stumpf macht, es besäuft sich nicht, weil es kein Geld hat[...]
> DANTON: Es haßt die Genießenden, wie ein Eunuch die Männer,
> LACROIX: Man nennt uns Spitzbuben und (*sich zu d. Ohren Dantons neigend*) es ist, unter uns gesagt, so halbwegs was Wahres dran.[85]

Dabei darf das „tugendhafte" Verhalten nicht mit dem von Robespierre verwechselt werden. Denn die Tugend des Volkes ist eine aus dem materiellen Elend geborene Not, über die es nicht frei entscheiden kann, während die Tugend von Robespierre eine selbst auferlegte ist.

Sehr häufig neigen die Interpreten dazu, das politische Programm der Dantonisten für deren Distanz zum Volk verantwortlich zu machen. Allerdings muss man hier ein wenig mehr differenzieren, denn es ist nicht das Programm, das die Schuld trägt, sondern der Mensch, der auf Grund seines natürlichen Egoismus nicht in der Lage ist, es verantwortlich umzusetzen. Das zeigt sich auch am Text, in dem die Entfaltung des Programms in drei Schritten erfolgt. Als erstes stellt Philippeau in dem Gespräch mit Camille und Danton dabei das auf christlichen Werten basierende Konzept des Verzeihens und des Erbarmens in den Vordergrund, wenn er die Einrichtung eines Gnadenausschusses fordert.[86] Danach ist es Hérault, der eine liberale Staatsphilosophie propagiert, wenn er sagt:

> In unsern Staatsgrundsätzen muß das Recht an die Stelle der Pflicht, das Wohlbefinden an die der Tugend und die Notwehr an die der Strafe treten. Jeder muß sich geltend machen und seine Natur durchsetzen können. Er mag nun vernünftig oder unvernünftig, gebildet oder ungebildet, gut oder böse sein, das geht den Staat nichts an. Wir alle sind Narren es hat Keiner das Recht einem Andern seine eigentümliche Narrheit aufzudringen. Jeder muß in seiner Art genießen können, jedoch so, dass Keiner auf Unkosten eines Andern genießen oder ihn in seinem eigentümlichen Genuß stören darf.[19]

Eine solche Auffassung, die die klassischen Grundsätze des Liberalismus beinhaltet, mag zwar in der damaligen Lage utopistisch und wenig realistisch gewesen sein, aber dennoch verkörpert sie als Staatsform ein Ideal, das nicht per se negativ ist. Allerdings zeigt Camille dann das Problem auf, dass der Mensch auf Grund seiner egoistischen Natur nicht dem Liberalismus immanenten Spannungsfeld von Freiheit und Verantwortung gerecht werden kann, wenn er fordert: „Wir wollen nackte Götter, Bacchantinnen, olympische Spiele, und melodische Liebe: ach, die gliederlösende, böse Liebe!"[19] So zeigt sich, dass nicht die liberale Staatsphilosophie an sich die Abgrenzung der Dantonisten vom Volk begründet, sondern deren Egoismus, den sie lieber ausleben wollen, als sich der Verantwortung zu stellen.

Fakt aber ist, dass sich Robespierre und Danton auf Grund ihrer philosophischen und politischen Überzeugungen weit von den eigentlichen Zielen der Revolution entfernt haben und deshalb eine äquidistante Haltung zum Volk einnehmen.

7. Zusammenfassung

In der vorliegenden Arbeit, die versuchte, sich sehr nah am Text zu orientieren, wurden im Rahmen der Aufgabenstellung die wesentlichen charakteristischen Züge der beiden Protagonisten, Robespierre und Danton, erörtert und sowohl die persönlichen, die politischen als auch die philosophischen Differenzen erklärt, die zu dem unausweichlichen und unlösbaren Konflikt geführt haben, der die Hinrichtung von Danton als Konsequenz hatte. Gleichzeitig konnte aber auch gezeigt werden, dass nicht nur große Differenzen vorhanden sind, sondern durchaus Gemeinsamkeiten, die auf eine subtile Art und Weise das Schicksal beider miteinander vereinigen und die vor allem auf dem Motiv der Einsamkeit aber auch der Äquidistanz zum Volk beruhen. Dabei gilt es zu berücksichtigen, dass ja schließlich auch Robespierre mit seiner Entmachtung und seiner Enthauptung das gleiche Schicksal wie Danton erlitten hat. Die Frage nach einer persönlichen Entwicklung konnte nur für Danton nachgewiesen werden, der sich zumindest in seinem inneren Todeskampf kurz vor der Hinrichtung von der Einsamkeit befreien konnte. Schließlich wurde zumindest für Robespierre die starke Abhängigkeit von seiner Umgebung belegt, für die im Falle von Danton keine deutlichen Anzeichen zu erkennen waren.

8. Ausblick

Außer den hier behandelten Themen wäre es sehr interessant, die Rolle von Georg Büchner in dem Drama und seine Beziehung zu den einzelnen Figuren näher zu untersuchen. Dabei könnte man besonderen Bezug auf seine Funktion als Naturwissenschaftler nehmen, die an mancher Stelle zum Ausdruck kommt. So stellt er beispielsweise die beiden Begriffe „Atom" und „Äther" im Drama gegenüber, die zu seinen Lebzeiten noch rein naturwissenschaftliche Philosophien waren, da weder die Existenz von Atomen noch das Fehlen des Äther im Universum zu diesem Zeitpunkt empirisch nachgewiesen werden konnte. Ebenso könnte man Büchners Beschäftigung mit den Philosophien von Spinonza und Descartes in Beziehung zu den Hauptfiguren des Stückes setzen. Auch die Person St. Just, die ebenfalls eine entscheidende Position in dem Stück und auch in der Geschichte einnimmt, konnte im Rahmen dieser Arbeit nicht seiner Bedeutung entsprechend analysiert werden, was durchaus geboten wäre.

9. Literaturverzeichnis

9.1 Primärliteratur

MA   Georg Büchner: Werke und Briefe. Karl Pörnbacher/Gerhard Schaub/Hans-Joachim Simm/
Edda Ziegler (Hgg.). München: Deutscher Taschenbuchverlag, 1988; [8]2001
[Münchner Ausgabe]

9.2 Sekundärliteratur

GKn   Gerhard P. Knapp: Georg Büchner. Stuttgart: Metzler, 2000

FS   Friedhilde Schneider: Selbst-Entfremdung. Formen der Verzweiflung in Georg Büchners Werk.
Frankfurt a.M.: Lang, 1994

MK   Martina Kitzbichler: Aufbegehren der Natur: das Schicksal der vergesellschaftetn Seele in
Georg Büchners Werk. Opladen: Westdt. Verlag, 1993

HF   Helmut Fuhrmann: Die Dialektik der Revolution - Georg Büchners „Dantons Tod". In:
Jhb. der deutschen Schillergesellschaft 35 (1991), S. 212-233

JS   Jürgen Seidel: Georg Büchner. Martin Sulzer-Reichel (Hg.).
München: Deutscher Taschenbuchverlag, 1988

GKa   Gerhard P. Knapp: Georg Büchner: Dantons Tod. Frankfurt a.M.: Diesterweg, 1983

SM   Samuel Moser: Robespierre, die Ausgeburt eines Kantianers. In: Text + Kritik:
Georg Büchner III. Heinz Ludwig Arnold (Hg.). München, 1981, S. 131-149

HM   Hans Mayer: Georg Büchner und seine Zeit. Berlin: Suhrkamp, 1972

WM   Wolfgang Martens: Ideologie und Verzweiflung. Religiöse Motive in Büchners
Revolutionsdrama. In: Georg Büchner. Wolfgang Martens (Hg.). Darmstadt, 1965, S. 406-442

GL   Georg Lukács: Der faschistisch verfälschte und der wirkliche Georg Büchner.
In: Georg Büchner. Wolfgang Martens (Hg.). Darmstadt, 1965, S. 197-224

HK   Helmut Krapp: Der Dialog bei Büchner. München: Carl Hanser Verlag, 1958

9.3 Quellenangaben

[1]   MA, S. 409
[2]   MA, S. 297
[3]   HF, S. 213
[4]   HF, S. 212
[5]   MA, S. 18
[6]   GKn, S. 99
[7]   MA, S. 305
[8]   MA, S. 350
[9]   Louis Adolphe Thiers: Histoire de la Révolution française. 10 Bde. Paris 1823-1827
[10]   Unsere Zeit, oder geschichtliche Uebersicht der merkwürdigsten Ereignisse von 1789-1830
[...] bearbeitet von einem ehemaligen Officier der kaiserlich französichen Armee [Hefttitel].
= Die Geschichte Unserer Zeit. Bearbeitet von Carl Strahlheim. 30 Bde. (120 Hefte).

Stuttgart 1826-1830

[11]	JS, S. 105
[12]	MK, S. 31
[13]	MA, S. 288
[14]	WM, S. 407
[15]	GKa, S. 23
[16]	GKa, S. 23
[17]	Gka, S. 57
[18]	Gka, S. 25
[19]	MA, S. 71
[20]	MA, S. 71
[21]	FS, S. 41
[22]	MA, S. 72
[23]	MA, S. 85
[24]	MA, S. 72
[25]	FS, S. 41
[26]	MA, S. 85
[27]	MA, S. 84
[28]	WM, S. 406 f.
[29]	MA, S. 119
[30]	WM, S. 410
[31]	HM, S. 200 f.
[32]	HM, S. 211
[33]	WM, S. 411
[34]	MA, S. 91
[35]	MA, S. 288
[36]	MA, S. 100
[37]	MA, S. 92
[38]	MA, S. 96
[39]	MA, S. 97
[40]	MA, S. 479
[41]	MA, S. 288
[42]	MA, S. 80
[43]	MA, S. 72
[44]	MK
[45]	MK, S. 41
[46]	MK, S. 41
[47]	MA, S. 75
[48]	GKa, S. 26
[49]	MK, S. 40
[50]	MA, S. 78
[51]	MA, S. 78
[52]	MA, S. 78
[53]	SM, S. 143
[54]	SM, S. 133
[55]	SM, S. 140
[56]	SM, S. 145
[57]	MA, S. 90
[58]	SM, S. 141
[59]	SM, S. 141
[60]	GL, S. 208
[61]	MA, S. 86
[62]	MA, S. 86
[63]	MA, S. 86
[64]	GL, S. 209
[65]	SM, S. 147
[66]	FS, S. 48
[67]	MA, S. 86
[68]	MA, S. 92
[69]	MA, S. 69

[70]   FS, S. 48
[71]   MA, S. 87
[72]   MA, S. 90
[73]   MA, S. 90
[74]   MA, S. 88
[75]   MA, S. 89
[76]   MA, S. 109
[77]   MA, S. 117
[78]   MA, S.288
[79]   MA, S.69
[80]   MA, S. 82
[81]   MA, S.119
[82]   MA, S. 124
[83]   GL, S. 203
[84]   MA, S. 75
[85]   MA, S. 84
[86]   MA, S. 70